It is believed that once the ninth tail is obtained the *kitsune* becomes able to see and hear anything happening in the world, thus achieving infinite wisdom.

Si ritiene che, una volta sviluppata la nona coda, la *kitsune* diventi in grado di vedere e sentire qualsiasi cosa accada nel mondo, raggiungendo così la saggezza infinita.

Se cree que una vez que el *kitsune* desarrolla su novena cola, se vuelve capaz de ver y de oír cada cosa que sucede en el mundo, alcanzando así una sabiduría infinita.

Acredita-se que, uma vez obtida a nona cauda, a *kitsune* se torna capaz de ver e ouvir tudo o que acontece no mundo, alcançando assim a sabedoria infinita.

The *bake-danuki* is a supernatural being with the looks of a Japanese raccoon dog and incredible shapeshifting powers, which it employs to fool travelers for the sake of a good laugh.

Il *bake-danuki* è un essere soprannaturale con le sembianze di un procione giapponese e incredibili poteri di trasformazione, che utilizza per ingannare e deridere i viandanti.

El *bake-danuki* es un ser sobrenatural con la apariencia de un mapache japonés que tiene increíbles poderes de transformación, que utiliza para engañar y burlarse de los viajeros.

O *bake-danuki* é um ser sobrenatural com a aparência de um cão-guaxinim japonês e incríveis poderes de metamorfose, que usa para enganar os viajantes com o propósito de dar umas boas risadas.

The emerging of the *amabie* from the depths of the ocean is considered a positive omen, and sketches of her are still used to fend off illness and bad luck.

L'emersione dell'*amabie* dalle profondità oceaniche è considerata un segno di buon auspicio, e le sue raffigurazioni sono tuttora utilizzate per scongiurare malanni e sfortune.

La aparición del *amabie* de las profundidades del océano se considera un signo auspicioso y sus representaciones todavía se utilizan como protección ante las dolencias y la mala suerte.

O surgimento da *amabie* das profundezas do oceano é considerado um bom presságio, e esboços dela ainda são usados para afastar doenças e má sorte.

In Japanese Noh theater plays, the mask of the *hannya* represents the spirit of a woman who has become a demon due to obsession or jealousy.

Negli spettacoli del teatro Noh giapponese,
la maschera dell'*hannya* rappresenta lo spirito di una
donna trasformata in demone da ossessioni o gelosie.

En las representaciones del teatro Noh japonés, la máscara del *hannya* representa el espíritu de una mujer transformada en demonio por sus obsesiones o celos.

Nas peças do teatro Noh japonês, a máscara do *hannya* representa o espírito de uma mulher que se tornou um demônio devido à obsessão ou ciúmes.

Secluded upon the peaks they love and protect, the *daitengu* are winged creatures with a red face and a long nose.

Isolati sulle cime che amano e proteggono, i *daitengu* sono creature alate con il volto rosso e il naso longilineo.

Aislados en las cumbres que aman y protegen, los *daitengu* son criaturas aladas con el rostro rojo y la nariz larga.

Isolados nos picos que amam e protegem, os *daitengu* são criaturas aladas de rosto vermelho e nariz comprido.

Gotoku neko is a two-tailed *yōkai* that hangs around fires and stokes the flames by blowing through pipes of bamboo.

Il *gotoku neko* è uno *yōkai* a due code che si aggira nei pressi dei focolari e alimenta le fiamme soffiando attraverso tubi di bambù.

El *gotoku neko* es un *yōkai* de dos colas que ronda los fuegos y anima las llamas soplando a través de tubos de bambú.

Gotoku neko é um *yōkai* de duas caudas que anda por perto das fogueiras e atiça as chamas soprando através de tubos de bambu.

Telling ghost stories was a popular group activity of the Edo period. The dark spirit *aoandon* was said to appear at the hundredth tale to scare and attack the guests.

Raccontare storie di fantasmi era una popolare attività di gruppo nel periodo Edo, e si narra che lo spirito oscuro *aoandon* apparisse al centesimo racconto per spaventare e attaccare gli ospiti.

Contar historias de fantasmas era una actividad grupal popular en el período Edo, y se dice que el espíritu oscuro *aoandon* aparece en el cuento número cien para asustar y atacar a los invitados.

Contar histórias de fantasmas era uma atividade de grupo popular durante o período Edo. Diz-se que o espírito sombrio *aoandon* aparecia no centésimo conto para assustar e atacar os convidados.

To a woman who peeked out at the *katasharin*, the hag on the chariot said, “Instead of looking at me, have a look at your own child!” When she did, the baby was gone.

A una donna che sbirciò il *katasharin*, la megera sul carro disse: "Invece di guardare me, guarda tuo figlio!" Quando lo fece, il bambino era sparito.

A una mujer que se asomó al *katasharin*, la bruja en el carro le dijo: "¡En lugar de mirarme a mí, mira a tu hijo!" Cuando lo hizo, el niño ya no estaba.

A uma mulher que espreitou o *katasharin*, a bruxa no carro disse:
"Em vez de olhares para mim, olha para o teu próprio filho!"
Quando o fez, o bebé tinha desaparecido.

Tales of a strange floating fire gave rise to the legend of the *abura-bō*, a wandering fire spirit born out of the soul of a monk who had stolen oil from a lamp.

I racconti di una strana fiamma fluttuante diedero origine alla leggenda dell'*abura-bō*, uno spirito di fuoco errante nato dall'anima di un monaco che aveva rubato l'olio da una lampada.

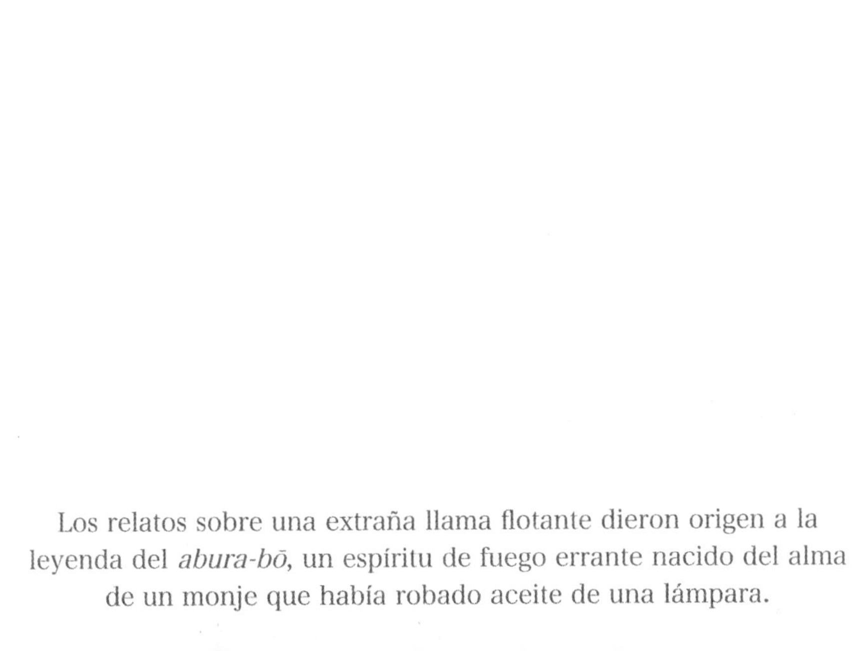

Los relatos sobre una extraña llama flotante dieron origen a la leyenda del *abura-bō*, un espíritu de fuego errante nacido del alma de un monje que había robado aceite de una lámpara.

As histórias de um estranho fogo flutuante deram origem à lenda do *abura-bō*, um espírito errante de fogo nascido da alma de um monge que tinha roubado o óleo de uma lamparina.

Often disguised as a young and beautiful lady, the *jorōgumo* exposes her true nature once the prey is too close to escape, dragging him into her spidery clasp to devour his essence.

Spesso camuffata come una bella ragazza, la *jorōgumo* rivela la sua vera natura una volta che la preda è troppo vicina per sfuggire, trascinandola nella sua stretta di ragno per divorarne l'essenza.

A menudo disfrazada de una hermosa dama, la *jorōgumo* revela su verdadera naturaleza una vez que su presa está demasiado cerca para escapar, atrayéndola hacia su abrazo de araña para devorar su esencia.

Muitas vezes disfarçada de uma jovem e bela dama, a *jorōgumo* revela a sua verdadeira natureza quando a presa está demasiado perto para escapar, arrastando-a para o seu abraço de aranha para devorar a sua essência.

Amaterasu, goddess of the sun, chief deity of the Shinto pantheon, rules over the heavenly realms with glory and wisdom.

Amaterasu, dea del sole, signora suprema del pantheon shintoista, governa i regni celesti con gloria e saggezza.

Amaterasu, diosa del sol, señora suprema del panteón sintoísta, gobierna los reinos celestiales con gloria y sabiduría.

Amaterasu, deusa do sol e principal divindade do panteão xintoísta, governa os reinos celestiais com glória e sabedoria.

Kintarō was a child with superhuman strength raised by a witch upon Mount Ashigara. His battle against a giant koi fish is a recurring subject in Japanese folklore.

Kintarō era un bambino dalla forza sovrumana, cresciuto da una strega sul monte Ashigara. La sua battaglia contro una carpa gigante è un tema ricorrente nel folklore giapponese.

Kintarō era un niño con una fuerza sobrehumana, criado por una bruja en el Monte Ashigara. Su batalla contra una carpa gigante es un tema recurrente en el folclore japonés.

Kintarō era uma criança com força sobre-humana, criada por uma bruxa no Monte Ashigara. A sua batalha contra uma carpa gigante é um tema recorrente no folclore japonês.

Sights of the mermaid-like *ningyo* fill the stories of the sailors, and the notion that eating its flesh would impart longevity is tied to the legend of Yao Bikuni, an 800-year-old priestess.

Avvistamenti delle *ningyo*, creature simili a sirene, riempiono i racconti dei marinai, e l'idea che mangiare la loro carne possa donare longevità è legata alla leggenda di Yao Bikuni, una sacerdotessa di 800 anni.

Los avistamientos de los *ningyo*, criaturas parecidas a las sirenas, siempre forman parte de las historias de los marineros, y la idea de que comer su carne puede dar longevidad está vinculada a la leyenda de Yao Bikuni, una sacerdotisa de 800 años.

Avistamentos das *ningyo*, criaturas parecidas com sereias, enchem os relatos dos marinheiros, e a ideia de que comer a sua carne confere longevidade está ligada à lenda de Yao Bikuni, uma sacerdotisa de 800 anos.

Once revered as spirits dear to the sun, the ape-like creatures known as *sarugami* gradually lost ground to the expanding civilization and are now confined to the forests.

Un tempo venerate come spiriti cari al sole, le creature scimmiesche note come *sarugami* hanno gradualmente perso terreno a causa dell'espansione della civiltà e sono ora confinate nelle foreste.

Una vez venerados como espíritus queridos por el sol, las criaturas parecidas a los simios conocidas como *sarugami* han ido perdiendo gradualmente terreno a medida que la civilización se ha expandido y ahora están confinadas a los bosques.

Outrora veneradas como espíritos queridos pelo sol, as criaturas parecidas com macacos conhecidas como *sarugami* gradualmente perderam espaço por causa da expansão da civillização e agora estão confinadas às florestas.

The boy-like spirit *kinoko* is a common encounter for Japanese woodcutters, who often see their lunch boxes stolen by this mischievous *yōkai* at the first moment of distraction.

Lo spirito fanciullesco *kinoko* è un incontro frequente per i boscaioli giapponesi, che spesso si vedono rubare il cestino del pranzo da questo *yōkai* dispettoso al primo momento di distrazione.

El espíritu juvenil del *kinoko* es un encuentro frecuente entre los leñadores japoneses, a quienes a menudo este travieso *yōkai* les robaba la lonchera en el primer momento de distracción.

O espírito infantil *kinoko* é um encontro comum para os lenhadores japoneses, que muitas vezes vêm as suas marmitas serem roubadas por este malicioso *yōkai* ao primeiro momento de distração.

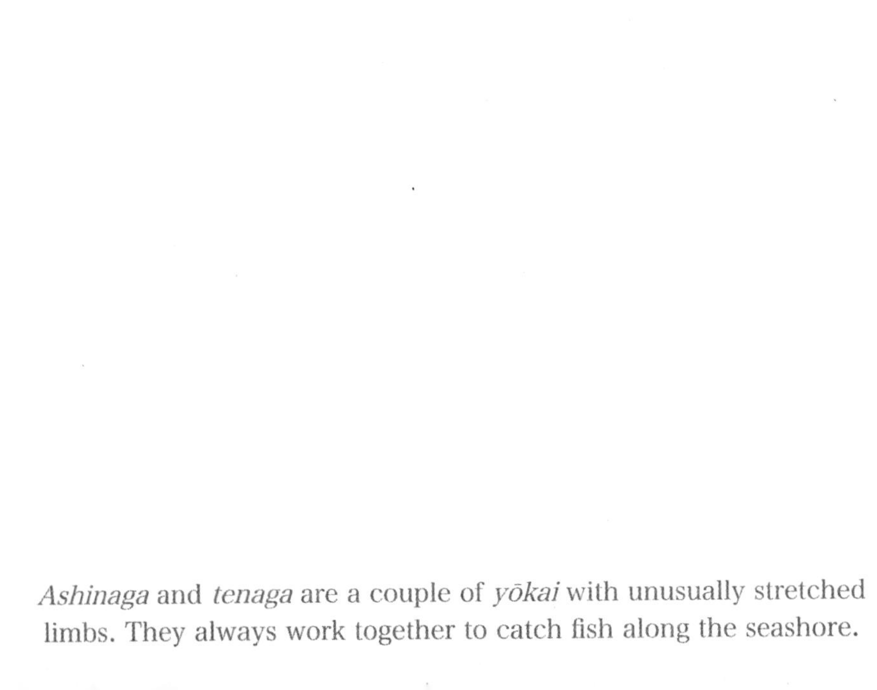

Ashinaga and *tenaga* are a couple of *yōkai* with unusually stretched limbs. They always work together to catch fish along the seashore.

Ashinaga e *tenaga* sono una coppia di *yōkai* con arti insolitamente lunghi. Lavorano sempre insieme per catturare i pesci in riva al mare.

Ashinaga y tenaga son un dúo de *yōkai* con extremidades inusualmente largas. Siempre trabajan juntos para pescar en la orilla del mar.

Ashinaga e *tenaga* são um par de yōkai com membros insolitamente alongados. Eles trabalham sempre juntos para apanhar peixes à beira-mar.

天保通寶

Kawauso are funny-looking creatures who like to drink, laugh, and play tricks on humans. Some disguise themselves as beggars to sneak into the villages and steal alcohol.

I *kawauso* sono creature dall'aspetto buffo che amano bere, ridere e fare scherzi agli umani; alcuni si travestono persino da mendicanti solo per intrufolarsi nei villaggi e rubare un po' di alcol.

Los *kawauso* son criaturas de aspecto divertido a quienes les encanta beber, reír y gastar bromas a los humanos; algunos incluso se disfrazan de mendigos sólo para escabullirse en las aldeas y robar algo de alcohol.

Os *kawauso* são criaturas de aparência engraçada que gostam de beber, rir e fazer piadas aos humanos; alguns até se disfarçam de mendigos apenas para se infiltrarem nas aldeias e roubarem um pouco de álcool.

The *yamahime* are female spirits who live deep in the woods of Japanese mountains. Usually, they are solitary and quiet, but can become aggressive with those who invade their spaces.

Le *yamahime* sono spiriti femminili che vivono nelle profondità dei boschi delle montagne giapponesi. Di solito sono solitarie e tranquille, ma possono diventare aggressive con chi invade i loro spazi.

Las *yamahime* son espíritus femeninos que viven en la profundidad de los bosques de las montañas japonesas. Suelen ser solitarias y tranquilas, pero pueden volverse agresivas con quienes invaden sus espacios.

As *yamahime* são espíritos femininos que vivem nas profundezas das florestas das montanhas japonesas. Normalmente, são solitárias e quietas, mas podem tornar-se agressivas com aqueles que invadem os seus espaços.

The feline spirit known as *nekomusume* is a recurring *yōkai* in Japanese folk tales, and so is the *nekomata*, a split-tailed cat famous for being particularly malicious and short-tempered.

Lo spirito felino noto come *nekomusume* è uno *yōkai* ricorrente nei racconti popolari giapponesi, così come il *nekomata*, un gatto a due code famoso per essere particolarmente malizioso e irascibile.

El espíritu felino conocido como *nekomusume* es un *yōkai* recurrente en los cuentos populares japoneses, al igual que el *nekomata*, un gato de dos colas famoso por ser particularmente malicioso e irascible.

O espírito felino conhecido como *nekomusume* é um *yōkai* recorrente nos contos populares japoneses, assim como o *nekomata*, um gato de duas caudas famoso por ser particularmente malicioso e temperamental.

From his underwater palace, the dragon god *Ryūjin* reigns over his fish servants, bringing storms and thunders to the world above the surface and controlling the tides with the magical jewels in his possession.

Dal suo palazzo sottomarino, il dio dragone *Ryūjin* regna sui pesci suoi servitori, portando tempeste e tuoni nel mondo in superficie e controllando le maree con i gioielli magici in suo possesso.

Desde su palacio submarino, el dios dragón *Ryūjin* reina sobre sus sirvientes peces, trayendo tormentas y truenos al mundo de la superficie y controlando las mareas con las joyas mágicas que posee.

Do seu palácio subaquático, o deus dragão *Ryūjin* reina sobre os seus peixes servos, trazendo tempestades e trovões ao mundo da superfície e controlando as marés com as joias mágicas que possui.

Look at the full moon, and in the dark markings on its surface you will see the shape of a rabbit, working with a mortar and pestle. That is the Moon Hare, pounding ingredients for *Tsukimi*, the Mid-Autumn Festival.

Osserva la luna piena e, nelle chiazze scure sulla sua superficie, vedrai la forma di un coniglio che lavora con un mortaio e un pestello. È il Coniglio Lunare, che sminuzza gli ingredienti per lo *Tsukimi*, la festa di metà autunno.

Observa la luna llena y en las marcas oscuras de su superficie verás la forma de un conejo trabajando con un mortero. Es el Conejo Lunar, quien pica los ingredientes para el *Tsukimi*, el festival de la mitad del otoño.

Olha para a lua cheia, e nas manchas escuras da sua superfície verás a forma de um coelho, a trabalhar com um almofariz e um pilão. Esse é o Coelho Lunar, a triturar ingredientes para o *Tsukimi,* o Festival do Meio Outono.

Deep in the bamboo groves of the island of Shikoku hides the fire bird called *basan*, a legendary beast that breathes a cold, glowing ghost-fire that does not burn.

Nelle profondità delle foreste di bambù dell'isola di Shikoku si nasconde l'uccello di fuoco *basan*, una bestia leggendaria che esala fiamme fantasma che non bruciano né illuminano.

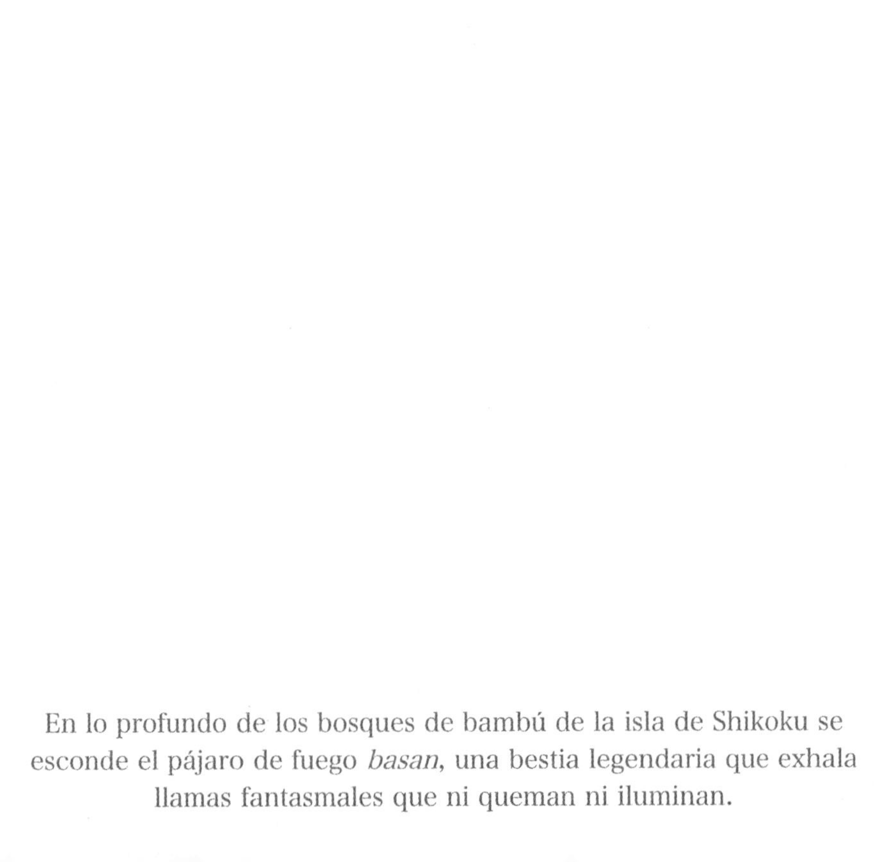

En lo profundo de los bosques de bambú de la isla de Shikoku se esconde el pájaro de fuego *basan*, una bestia legendaria que exhala llamas fantasmales que ni queman ni iluminan.

Nas profundezas dos bambuzais da ilha de Shikoku esconde-se o pássaro de fogo chamado *basan*, uma besta lendária que exala uma chama fantasma que não queima nem ilumina.

The *nure-onna* appears along the seashores with a baby in her hands, asking travelers to hold it for a moment. If the traveler tries to leave it, the bundle becomes heavy, preventing his escape as the *yōkai* comes back to devour him.

La *nure-onna* appare lungo la riva del mare con un bambino, chiedendo ai viaggiatori di tenerlo per un momento. Se il viaggiatore cerca di abbandonarlo, il fagotto diventa pesante, bloccando l'uomo affinché la *yōkai* torni e lo divori.

La *nure-onna* aparece a la orilla del mar con un bebe en brazos, pidiendo a los viajeros que lo carguen por un momento. Si el viajero intenta abandonarlo, el bulto se vuelve pesado, bloqueando al hombre para que el *yōkai* regrese y lo devore.

A *nure-onna* aparece nas praias com um bebé nas mãos, pedindo aos viajantes que o segurem por um momento. Se o viajante tentar abandoná-lo, o fardo torna-se pesado, bloqueando-o para que o *yōkai* regresse e o devore.

The tapir-like *yōkai* known as *baku* feeds on bad dreams and is considered a guardian that kids can call at night when they need to fend off nightmares.

Il *baku*, uno *yōkai* simile a un tapiro, si nutre di incubi ed è considerato un amuleto e un protettore che i bambini possono chiamare di notte per scacciare i brutti sogni.

El *baku*, un *yōkai* parecido al tapir, se alimenta de pesadillas y se considera un amuleto y protector al que los niños pueden recurrir por la noche para protegerse de los malos sueños.

O *yōkai* parecido com um tapir, conhecido como *baku*, alimenta-se de pesadelos e é considerado um amuleto e um ajudante que as crianças podem chamar à noite para afastar os maus sonhos.

Rejected by the monk she so desperately loved, a young girl named *Kiyohime* transformed into a snake and coiled around the bell in which he was hidden, burning him with her fiery breath.

Rifiutata dal monaco che amava, una giovane ragazza di nome *Kiyohime* si trasformò in un serpente e si arrotolò intorno alla campana in cui questo era nascosto, per poi bruciarlo con il suo fiato ardente.

Rechazada por el monje que amaba tan desesperadamente, una joven llamada *Kiyohime* se transformó en una serpiente y se enroscó alrededor de la campana donde éste estaba escondido, para luego quemarlo con su aliento ardiente.

Rejeitada pelo monge que amava desesperadamente,
uma jovem chamada *Kiyohime* transformou-se numa serpente
e enrolou-se em volta do sino onde ele estava escondido,
para depois com o seu sopro ardente.

When the goddess *Izanami* died, her brother and husband *Izanagi* ventured into the underworld to retrieve her. But he eventually fled, frightened by the horrid and rotting body of his once beautiful companion.

Quando la dea *Izanami* morì, suo fratello e marito *Izanagi* si avventurò negli inferi per recuperarla, ma infine fuggì, spaventato dall'orrido corpo in decomposizione della sua compagna, un tempo bellissima.

Cuando la diosa *Izanami* murió, su hermano y su esposo *Izanagi* se aventuraron al inframundo para recuperarla, pero finalmente huyeron, asustados por el horrible y podrido cuerpo de su otrora hermosa compañera.

Quando a deusa *Izanami* morreu, o seu irmão e marido *Izanagi* aventurou-se no submundo para a recuperar, mas acabou por fugir, assustado pelo corpo horrível e em decomposição da sua outrora bela companheira.

Fūjin is the divinity that governs the air. His cloth bag safeguards the winds of the world, which he sometimes lets loose in order to fight his brother *Raijin*, the god of lightning, thunder, and storms.

Fūjin è la divinità che governa l'aria. Il suo sacco di stoffa custodisce i venti del mondo, che a volte lascia liberi per combattere suo fratello *Raijin*, il dio dei fulmini, dei tuoni e delle tempeste.

Fūjin es la deidad que gobierna el aire. Su bolsa de tela salvaguarda los vientos del mundo, que a veces libera para luchar contra su hermano *Raijin*, el dios del relámpago, del trueno y de las tormentas.

Fūjin é a divindade que governa o ar. O seu saco de pano guarda os ventos do mundo, que ele às vezes liberta para lutar contra o seu irmão *Raijin*, o deus dos relâmpagos, trovões e tempestades.

The *kappa* is a *yōkai* living at the bottom of ponds and rivers. Upon its head is a depression filled with water, and it is believed that if the liquid is spilled, the *kappa* loses all its energies.

Il *kappa* è uno *yōkai* che vive sul fondo di stagni e fiumi. Sulla sua testa c'è una depressione piena d'acqua e si crede che, se il liquido viene versato, il *kappa* perde tutte le sue energie.

El *kappa* es un *yōkai* que vive en el fondo de los estanques y de los ríos. En su cabeza hay una depresión llena de agua y se cree que si el líquido se derramara, el *kappa* perdería toda su energía.

O *kappa* é um *yōkai* que vive no fundo de lagos e rios. Na sua cabeça tem uma depressão cheia de água, e acredita-se que se o líquido for derramado, o *kappa* perde todas as suas energias.

天保
通寳

日本

The girl spirit *Kaguya-hime* was discovered inside a shining bamboo stalk. Before returning to her home, she gave an elixir of immortality to the emperor of Japan, but he destroyed it, for he did not wish to live eternally without her.

Lo spirito femminile *Kaguya-hime* fu scoperto all'interno di un gambo di bambù luccicante. Prima di tornare alla sua casa, diede un elisir di immortalità all'imperatore del Giappone, ma lui lo distrusse, perché non voleva vivere in eterno senza di lei.

El espíritu femenino *Kaguya-hime* fue descubierto dentro de un brillante tallo de bambú. Antes de regresar a su casa, ella le dio un elixir de la inmortalidad al emperador de Japón, pero él lo destruyó porque no quería vivir para siempre sin ella.

O espírito feminino *Kaguya-hime* foi descoberto dentro de um talo de bambu brilhante. Antes de regressar ao seu lar, deu um elixir de imortalidade ao imperador do Japão, mas ele destruiu-o, pois não queria viver eternamente sem ela.

Kawahime is a spirit of the streams who lives underneath bridges or near watermills. There she waits for travelers to come by, attracting them with her beauty only to drain their vital energy.

La *kawahime* è uno spirito dei ruscelli che vive sotto i ponti o vicino ai mulini ad acqua. Lì aspetta che i viaggiatori passino, attirandoli con la sua bellezza per poi prosciugare la loro energia vitale.

La *kawahime* es un espíritu de los arroyos que vive debajo de los puentes o cerca de los molinos de agua. Allí espera a que pasen los viajeros, atrayéndolos con su belleza y luego drenando su energía vital.

A *kawahime* é um espírito dos riachos que vive debaixo das pontes ou perto dos moinhos de água. Lá, espera pelos viajantes, atraindo-os com a sua beleza apenas para drenar a sua energia vital.

If a set of tiny footprints mysteriously appears in your home, follow it: it might lead you to a *zashiki warashi*. Those who withstand its pranks obtain good fortune, while those who lose their temper will receive trouble.

Se una serie di piccole impronte appare misteriosamente in casa tua, seguile: potrebbero condurti a uno *zashiki warashi.* Chi resiste ai suoi scherzi ottiene una buona fortuna, mentre chi perde la calma passerà dei guai.

Si una serie de pequeñas huellas aparecen misteriosamente en tu casa, síguelas: pueden llevarte a un *zashiki warashi*. Quien se resista a sus bromas tendrá buena suerte, mientras que quien pierda la calma tendrá problemas.

Se um conjunto de pequenas pegadas aparecer misteriosamente na tua casa, segue-as: podem levar-te a um *zashiki warashi*. Aqueles que suportam as suas piadas atingem a boa sorte, enquanto os que perdem a paciência obtêm problemas.

All of Japan lies on the shoulders of the great catfish *Ōnamazu.* Whenever the guardian-god *Takemikazuchi* gets distracted, *Ōnamazu* thrashes, and earthquakes shake the Land of the Rising Sun.

Tutto il Giappone poggia sulle spalle del grande pesce gatto *Ōnamazu*. Ogni volta che il dio guardiano *Takemikazuchi* si distrae, *Ōnamazu* si agita e i terremoti scuotono il Paese del Sol Levante.

Todo Japón descansa sobre los hombros del gran pez gato Ōnamazu. Cada vez que el dios guardián *Takemikazuchi* se distrae, Ōnamazu se agita y los terremotos sacuden la tierra del Sol Naciente.

Todo o Japão repousa sobre os ombros do grande peixe-gato *Ōnamazu*. Sempre que o deus guardião *Takemikazuchi* se distrai, *Ōnamazu* agita-se, e os terramotos abalam a Terra do Sol Nascente.

YŌKAI JOURNAL

Artwork by Marga Biazzi
Text by Paolo Bertazzo

Graphics by Chiara Demagistris
Editing by Paolo Bertazzo, La Forgia dei Libri
Translations by Emily Guidoni, María Victoria Filadoro, Yeray Rose

www.loscarabeo.com
Facebook and Instagram: loscarabeotarot

Printed by Imago Publishing Limited – May 2024